L'ESPRIT CHRÉTIEN

DISCOURS

PRONONCÉ A SAINT-NICOLAS DU CHARDONNET

Le Dimanche 25 Juillet 1886

PRÉCÉDÉ D'UNE NOTICE

SUR LE QUARTIER ET L'ABBAYE DE SAINT-VICTOR

PAR M. L'ABBÉ PÉROT

LICENCIÉ EN THÉOLOGIE
VICAIRE A SAINT-BERNARD DE LA CHAPELLE

PRIX : 1 FRANC

LIBRAIRIE BRIDAY
DELHOMME ET BRIGUET, SUCCESSEURS
PARIS | **LYON**
13, rue de l'Abbaye | 3, avenue de l'Archevêché

1886

L'ESPRIT CHRÉTIEN

PARIS. — E. DE SOYE ET FILS, IMPR., 18, R. DES FOSSÉS-S.-JACQUES.

L'ESPRIT CHRÉTIEN

DISCOURS

PRONONCÉ A SAINT-NICOLAS DU CHARDONNET

Le Dimanche 25 Juillet 1886

PRÉCÉDÉ D'UNE NOTICE

SUR LE QUARTIER ET L'ABBAYE DE SAINT-VICTOR

PAR M. L'ABBÉ PÉROT

LICENCIÉ EN THÉOLOGIE
VICAIRE A SAINT-BERNARD DE LA CHAPELLE

LIBRAIRIE BRIDAY

DELHOMME ET BRIGUET, SUCCESSEURS

PARIS
13, rue de l'Abbaye

LYON
3, avenue de l'Archevêché

1886

Reproduction d'une gravure conservée à la Bibl. Nat., dép. des estampes.

NOTICE

SUR LE QUARTIER ET SUR L'ABBAYE

DE SAINT-VICTOR

I

Un quartier important de Paris porte le nom d'un soldat romain, qui fut martyrisé à Marseille, sous le règne de Dioclétien et de Maximien Hercule ; et tous les jours des milliers de voix se croisant en tout sens, entre la Seine et la montagne de Sainte-Geneviève, prononcent le nom du héros chrétien : *la rue Saint-Victor... le passage Saint-Victor... le quartier Saint-Victor...*

Combien peu soupçonnent, en traversant ces lieux, le passé illustre qui les honore et la célébrité qu'ils eurent autrefois dans le monde entier !

Dès le début de notre monarchie, il y avait là, sur le flanc du coteau qui domine le fleuve, tous les édifices que la civilisation romaine élevait dans les résidences impériales. Le César Julien, si connu par son apostasie, et après lui les deux empereurs Valentinien et Gratien n'avaient-ils pas fixé leur cour à Paris ? Les bains publics ou les Thermes, dont des ruines encore debout attestent la grandeur, étaient à une extrémité. A l'autre étaient les Arènes, dont le souvenir survécut longtemps chez les vieux auteurs et jusque dans le nom des rues (1), et qui, découvertes récemment entre la rue Monge

---

(1) En face de l'abbaye de Saint-Victor, à l'endroit où étaient avant la Révolution les Pères de la doctrine chrétienne, entre le clos Mouffetard et

et la rue des Boulangers, nous révèlent, par leur étendue, que Paris était dès lors le centre d'une population considérable. On voit encore à Arcueil les restes d'un aqueduc, dont la construction remonte à cette époque gallo-romaine, et qui semble avoir été destiné à alimenter les bains et le palais des empereurs.

La religion chrétienne ne pouvait manquer de suivre les traces des Césars, des proconsuls et des légions. C'est à quelque distance du camp militaire, du palais, des arènes et toujours sur la rive gauche de la Seine, que saint Denis, l'apôtre de Paris, fonde, en l'honneur de la Mère de Dieu, le sanctuaire de Notre-Dame des Champs. Quand sainte Geneviève mourut, c'est au sommet même de la montagne que Clovis dédia aux princes des Apôtres une église, qui se transforma bientôt en abbaye et abrita jusqu'à la révolution la dépouille mortelle de la sainte. Il n'est donc pas étonnant qu'au pied même de la butte, entre les Thermes de Julien et les Arènes, quelque chrétien de Marseille ait apporté de bonne heure le culte de saint Victor à nos pères et ait élevé pour l'y prier le modeste ermitage, où Guillaume de Champeaux se retira, en l'an 1108, fuyant les nouveautés dangereuses dont Abélard semait déjà son enseignement au cloître de Notre-Dame (1).

II

Il y avait alors deux écoles célèbres au sein de notre capitale : l'école de Paris, *schola Parisiaca*, a dit Abélard, dont

celui de Sainte-Geneviève, il y avait un clos de vignes, appelé le clos des *Arènes*. Les rues qui y aboutissaient portaient un nom analogue. Dans les premières semaines de 1870, lorsque la Compagnie des omnibus devint propriétaire de ce terrain et qu'elle y fit mettre la pioche, on vit apparaître successivement des blocs de maçonnerie formant l'un des grands couloirs de l'arène, puis une *cavea*, enfin le *podium*, ou soubassement de la galerie ovale, qui est aujourd'hui dégagé dans le tiers de son étendue.

(1) L'ordre de Saint-Victor était un ordre de chanoines réguliers, observant la règle de saint Augustin. On les a appelés les Victorins.

l'évêque était le chef, et l'école de sainte-Geneviève ou *mont Leucatitius*, dont le supérieur de cette abbaye était le grand maître. En se retirant à l'ermitage de Saint-Victor, Guillaume de Champeaux fonda une troisième école, qui éclipsa bientôt les deux autres, devint le berceau de l'Université de Paris et fut elle-même une petite université. Toutes les branches du savoir humain y furent cultivées avec succès. « Les lettres, selon la remarque d'un judicieux écrivain (1), y furent toujours logées à bonne enseigne. » C'est cette école qui fut, au douzième siècle, le refuge des saines doctrines philosophiques et théologiques. Outre Pierre Lombard, qui y inaugura un enseignement jusqu'alors inconnu, celui du Droit Canon, les annales de l'abbaye citent encore Étienne de Tournay comme un canoniste distingué et un jurisconsulte éminent. La médecine, jeune encore, y avait un représentant des plus autorisés dans la personne du chanoine Obrizon. L'abbé Achas, d'origine anglaise, était à la fois philosophe, littérateur et théologien. Un autre Anglais, du nom d'Adam, et disciple d'Abélard, nous a laissé un livre sur la tentation de Jésus-Christ, un traité de la Trinité et la vie du moine Gazélinus : c'était le grand grammairien de l'époque (2). Gauthier, dont on possède deux manuscrits, fut à son tour le défenseur du dogme et l'adversaire déclaré de tous les hérétiques. Il assista au onzième concile général et troisième de Latran, en l'an 1179. C'est lui qui provoqua chez nous la condamnation des Novateurs, qu'il appelait les quatre grands labyrinthes de la France (3). Il n'est pas jusqu'aux Muses qui n'aient eu leurs nourrissons, parmi lesquels la rapidité du sujet me fait un devoir de choisir les plus célèbres. C'étaient Arnulphe, frère d'un évêque de Séez ; Geoffroy, auteur d'un petit poème : « *Fons philosophiæ*, l'Origine de la Philosophie » ; enfin celui que don

(1) Pasquier.

(2) *Histoire universelle de Paris*, t. II, année 1161.

(3) Abélard, Lombard, Pierre de Poitiers et Gilbert de la Porée. (Fleury, *Histoire ecclésiastique*, livre LXXIII°.)

Guéranger a justement appelé le plus grand poète du moyen âge, Adam de Saint-Victor, qui fut en même temps un saint.

Mais le grand enseignement de l'école, celui auquel Guillaume de Champeaux avait, dès le premier jour, donné les proportions d'une véritable Faculté, comprenait la philosophie, la théologie et l'Écriture sainte; c'était la chaire de Saint-Victor. Elle fut illustrée par les maîtres les plus savants : Guillaume, Thomas, Hugues, Nantère, Richard, Gauthier, Geoffroy, Anselme, Richard, Jacob, Jean de Reims, et Théobald qui fut contemporain de saint Bonaventure et de saint Thomas d'Aquin. L'université de Paris existait alors et jouissait déjà de ses privilèges. L'école de Saint-Victor en avait été le berceau.

Une école a nécessairement sa bibliothèque, et la richesse des œuvres d'art, de science, de littérature qui la composent, permet d'apprécier la culture intellectuelle des élèves et des maîtres. La bibliothèque de Saint-Victor était peut-être la plus ancienne et la plus précieuse de notre capitale. Fondée deux cents ans avant la découverte de l'imprimerie, elle possédait une foule de manuscrits anciens, d'incunables et d'éditions princeps, une bible sur vélin de 1462, une des premières copies du Coran, un Tite Live du douzième siècle. C'est la deuxième bibliothèque qui fut ouverte au public (1). Cinquante lecteurs pouvaient travailler dans la même salle, où, d'après le catalogue de Claude de Grandrue, prieur et bibliothécaire de l'abbaye, vers la fin du quinzième siècle, quarante-cinq mille imprimés et vingt mille manuscrits étaient déjà méthodiquement classés dans dix-sept cents armoires, que

(1) La bibliothèque de Mazarin a été ouverte au public neuf ans avant celle de Saint-Victor. Henri du Bouchet, sieur de Bonnonville, conseiller au Parlement de Paris, fit don de sa bibliothèque et d'une rente de 370 livres à l'abbaye de Saint-Victor, par un testament en date du 27 mars 1652, à la condition que la bibliothèque du monastère fût ouverte au public trois jours par semaine. Chaque année, en souvenir de cette insigne donation, le bibliothécaire de Saint-Victor prononçait en présence du Parlement un discours sur l'utilité des bibliothèques publiques. (Franklin, *Histoire des bibliothèques de Paris*.)

surmontaient soixante-sept portraits représentant les plus grands saints et les plus grands savants de l'ordre.

Nicaise Delorme était prieur et bibliothécaire de Saint-Victor, sous Charles VII. Il recueillit et fit copier, à Orléans, où il s'était retiré, toutes les pièces authentiques du procès de Jeanne d'Arc. Ce précieux document est devenu la propriété de la Bibliothèque nationale, avec plus de cent mille volumes provenant du fonds de Saint-Victor. C'est l'abbé Mullot, prieur, député à l'Assemblée législative de 1792, qui vit l'abbaye dépossédée, en un jour, de ce que des siècles y avaient accumulé de richesses intellectuelles. On doit savoir gré à M. Hardy, officier municipal et commissaire des biens nationaux ecclésiastiques, qui exécuta le décret de l'Assemblée, de l'attention scrupuleuse qu'il apporta à ne rien perdre d'un trésor si considérable.

III

L'abbaye de Saint-Victor ne fut pas seulement une école illustrée par les plus fameux docteurs du douzième siècle; elle fut encore une pépinière d'hommes publics, utiles à leur pays et à l'Église. On dirait presque un conseil d'État, où les rois de France allaient puiser les saines maximes du gouvernement des peuples. Louis VI, Louis VII, Philippe Auguste et saint Louis (1) comptèrent au nombre de leurs conseillers les abbés de Saint-Victor. Quand Suger voulut réformer l'abbaye de Sainte-Geneviève, c'est au monastère de Guillaume de Champeaux qu'il vint demander un homme austère et sûr, pour en faire le premier abbé du mont Leucatitius. Le chanoine Eudes

(1) Saint Louis et sa mère Blanche de Castille ont porté à la fondation de Guillaume de Champeaux un intérêt tout particulier. En reconnaissance, les Victorins ont célébré la mémoire de la pieuse reine et du souverain, son illustre fils, aussitôt après leur mort, dans un office spécial et très solennel. Plus tard, quand Saint-Germain l'Auxerrois devint la paroisse de la cour, ce fut le privilège des chanoines de Saint-Victor d'y officier chaque année le jour de la Saint-Louis, avec une pompe extraordinaire.

fut ce rare génie qui seconda l'habile ministre du roi Louis VII. L'Église, à son tour, est venue chercher ses princes dans les rangs d'un chapitre si recommandable par sa science, ses vertus et son habileté politique. L'humble cloître a vu six chanoines élevés aux honneurs de la pourpre cardinalice : Yves, de Clermont, ami de saint Bernard; Hugues, de la noble famille de Pierre de Léon; un autre Hugues, neveu du précédent et évêque de Plaisance; Jean de Naples; Pierre, de Saint-Chrisogone; Alexis, de Sainte-Suzanne.

C'est la conduite de l'Esprit-Saint d'arracher quelquefois à des retraites obscures, pour les placer avec honneur sur le *chandelier de l'Église*, les hommes qui tendent le plus à se dérober au monde. Ainsi furent élevés les Augustin, les Basile, les Chrysostome, les Grégoire et cent autres qui sont restés jusqu'à ce jour le brillant flambeau du monde chrétien. Grâce à Dieu! l'abbaye de Saint-Victor a aussi donné à l'Épiscopat catholique un contingent remarquable. La Norwège (1), le Danemark (2), la Pologne (3) et l'Angleterre (4) ont disputé à la France la gloire de tirer des murs de ce cloître leurs plus saints évêques. Et pour ne citer ici que ceux qui se sont assis sur le siège de saint Denis, quel éclat Pierre Lombard et Eudes de Sully n'ont-ils pas jeté sur l'Église de Paris : le premier a laissé des livres qui ont été le programme officiel des études pendant toute la durée du Moyen Age; le second, proche parent de Philippe-Auguste, roi de France, et de Henri II, roi d'Angleterre, a aidé puissamment à la construction de Notre-Dame.

A la mort de Louis VIII, la maison de Saint-Victor avait déjà sur le sol français quarante-cinq abbayes, qui relevaient

(1) Thierry de Saint-Victor fut évêque d'Hamer, en Norwège. Il mourut en 1206.

(2) Absalon de Saint-Victor fut évêque de Roschilde, en Danemark, vers le milieu du douzième siècle.

(3) Yves de Saint-Victor fut évêque de Cracovie, en l'an 1218.

(4) Ernise de Saint-Victor fut évêque d'Éli, sous Henri Ier; et Richard de Saint-Victor, évêque de Salisbury, en l'an 1213.

de sa juridiction. Plus tard le nombre en fut plus que doublé. Ces *filles*, initiées à la discipline par leur auguste *Mère*, ont aussi donné des cardinaux, des évêques, des patriarches, des supérieurs d'ordres, qui occupent encore une place glorieuse dans l'histoire de l'Église et dans celle de nos provinces. Quinze évêques sont sortis de la maison de Paris; vingt-sept, des abbayes suffragantes.

Un seul diocèse, celui d'Angoulême, vit en moins de cinquante ans ses destinées entre les mains de deux Victorins, qu'animait l'Esprit de Dieu. Une des plus célèbres abbayes de la contrée, La Couronne (1), pleurait la perte de sa ferveur primitive plus que celle de ses antiques murailles; Lambert et Jean de Saint-Val relevèrent le vieux cloître de ses ruines matérielles et morales. Ils rappelèrent la piété des anciens jours parmi les religieux, firent refleurir la règle de saint Augustin et resserrèrent les liens de la charité en rattachant cette maison à la métropole, Saint-Victor de Paris. Élevés, presque l'un après l'autre, du gouvernement de ce monastère qu'ils avaient réformé, sur le siège de saint Ausone (2), ils y firent briller l'esprit de renoncement au monde, d'austérité monastique et d'amour de la discipline, qui de tout temps a distingué l'ordre de Guillaume de Champeaux.

C'était l'esprit chrétien, dans la perfection à laquelle l'avait porté saint Augustin. La vieille institution de l'évêque d'Hippone se rajeunissait dans des cœurs non moins dévoués à la religion et à la science, et, sous un nom nouveau, elle séduisait tous les peuples. Deux métropoles en France, Reims et Toulouse, celles de Dublin en Irlande et de Saint-André en Écosse, les églises cathédrales de Séez et de Saint-Malo se faisaient un honneur d'embrasser les institutions et les pratiques de l'ordre de Saint-Victor. Elles ont puisé dans cette école de piété

---

(1) On voit les ruines du monastère à 8 kilomètres d'Angoulême, sur la droite du chemin de fer de Bordeaux, à la station même de **La Couronne**, la première après la gare d'Angoulême.

(2) Saint Ausone fut le premier évêque d'Angoulême.

l'intelligence et la fidèle observance de la règle de saint Augustin.

Tant de services ne pouvaient demeurer sans récompense. Déjà le roi Louis VI avait octroyé des lettres patentes, datées de Châlons-sur-Marne, en l'an 1113, et qui étaient comme la charte d'institution de l'abbaye. Le pape Pascal II approuva la fondation par une bulle datée de Latran, le 11 décembre 1114. Les rois de France cèdent alors successivement au monastère la régale des collégiales de Château-Landon, Corbeil, Étampes, Dreux, Mantes, Poissy, Pontoise et Montlhéry. Les évêques de Paris lui abandonnent une prébende dans leur cathédrale, ainsi que celle qu'ils possèdent à Saint-Marcel, à Saint-Germain l'Auxerrois, à Saint-Cloud, à Saint-Martin-des-Champs et à Sainte-Geneviève. Les Souverains Pontifes rivalisent avec les rois de France et les évêques de Paris par la concession de nombreux privilèges, entre lesquels il faut noter, pour l'abbé de Saint-Victor, celui de porter la crosse et la mitre (1).

IV

Mais ce qui distingue surtout l'antique abbaye, c'est l'esprit de sainteté qui s'est maintenu dans ses murs presque jusqu'à la fin. Le travail des mains, le silence, l'abstinence de la chair et la prière étaient, au dire de Félibien, toute la vie des religieux. Ils jeûnaient depuis la fête de Sainte-Croix (2) jusqu'à Pâques. Leur unique distraction était d'aller soigner les lépreux dans un établissement resté célèbre, à une petite distance de Paris, et qu'ils ont cédé plus tard à saint Vincent de Paul pour en faire le séminaire des Prêtres de la Mission (3).

(1) Vingt-six papes se sont déclarés les protecteurs de l'ordre de Saint-Victor. Les principaux sont Honorius II, Innocent II, Alexandre III, Martin V, Paul III.

(2) Le 14 septembre.

(3) C'est aujourd'hui une maison de détention, connue sous le nom de prison Saint-Lazare.

C'est ici surtout, quand il s'agit des saints, qu'il faut imposer aux citations une limite raisonnable. Je me bornerai à ces lignes par lesquelles le P. Gourdon, des chanoines de Saint-Victor, commence le second des sept volumes in-folio qu'il a consacrés à la vie et aux œuvres de ses frères : « Parmi les grands hommes et les saints personnages que la puissance de Dieu, voulant signaler le prodige de sa grâce, fit paraître au commencement du douzième siècle dans la maison de Saint-Victor, nous en considérerons premièrement six entre tous les autres, qui sont comme les astres lumineux de ce firmament et les séraphins les plus ardents de ce sanctuaire.

« Le premier, c'est-à-dire Guillaume de Champeaux, fut l'architecte principal de cet édifice régulier.

« Le deuxième, savoir Gilduin (1), bâtit sur ses fondements une maison d'une discipline incomparable.

« Le troisième, qui est le bienheureux Thomas, l'embellit et l'empourpra de son sang.

« Le quatrième, savoir Hugues de Saint-Victor, l'éclaira des brillantes lumières de sa doctrine.

« Le cinquième, qui est Richard de Saint-Victor, plein d'une vigueur tout apostolique, le soutint et l'affermit sur l'immobilité de la pierre, qui n'est autre que Jésus-Christ.

« Le sixième, qui est Adam de Saint-Victor, par la composition de ses proses, le fit retentir des louanges divines et le parfuma des odeurs de sa piété toute céleste (2). »

J'ai cité un martyr, Thomas, prieur de Saint-Victor et grand vicaire de l'évêque de Paris, Étienne, qui eut à soutenir contre son archidiacre une lutte qu'il n'est plus, heureusement, dans nos mœurs de voir se reproduire. Cet archidiacre se nommait Thibaud. Il eut l'audace d'armer ses neveux contre le saint

---

(1) Gilduin fut le premier qui porta le titre d'abbé. Il gouverna l'abbaye pendant plus de quarante ans (1113-1155). Ses trois premiers successeurs furent Achard, Guise et Guérin. On possède à la Bibliothèque nationale, fonds de Saint-Victor, une belle collection de lettres de ces quatre premiers abbés.

(2) Simon Gourdon, *la Vie et les Maximes saintes des hommes illustres qui ont fleuri dans l'abbaye de Saint-Victor*, t. II, chap. i.

religieux, et celui-ci tomba sous leurs coups le 20 août 1130, victime de son devoir et de son dévouement. Il est le seul des Victorins qui soit invoqué sous le titre de bienheureux.

Trois autres cependant ont donné ici-bas l'exemple de toutes les vertus et ont mérité la profonde vénération que Guillaume de Saint-Lo, supérieur de l'abbaye, en l'an 1345, a rendue sensible dans ces deux vers :

> Hi tres canonici, licet absint canonizati,
> Mente pia dici possunt tamen esse beati.

« Bien que ces trois chanoines ne soient pas canonisés, l'âme pieuse peut cependant les regarder comme bienheureux. »

C'étaient Hugues, Richard et Adam de Saint-Victor.

Dans le nécrologe de l'abbaye, on lit, à la suite du nom du vénérable Hugues, décédé le 3 des ides de février, en l'an 1141 :

« *De quo illud specialiter memoriæ tradere volumus quod Beati Victoris reliquias, multo labore quæsitas, multâ difficultate impetratas, ab urbe Massiliâ ad nos detulit et tam desiderabili thesauro ecclesiam nostram locupletavit...*

C'est lui qui nous apporta de Marseille les reliques du bienheureux Victor et enrichit notre église d'un trésor si précieux. Il alla les chercher avec beaucoup de peine et il les obtint avec de grandes difficultés. Nous voulons qu'on conserve ce souvenir entre tous. » — Voici son épitaphe, qui est l'œuvre de saint Bernard :

> *Conditus hic tumulo doctor celeberrimus Hugo,*
> *Quem brevis eximium continet urna virum.*
> *Dogmate præcipuus, nullique secundus amore,*
> *Claruit ingenio, moribus, ore, stylo.*

Ci-gît Hugues, docteur très célèbre. Cette petite urne contient un grand homme. Il fut le premier de son temps pour la science du dogme. Il ne le céda à personne dans celle de l'amour de Dieu. Il brilla par son génie, par sa vertu, par son éloquence et par ses écrits.

Hugues de Saint-Victor eut pour élève Richard, dont l'âme fut aussi tendre que celle de son maître, et qui, par la suavité de sa théologie, prépara si bien les voies au séraphique saint Bonaventure. Il nous a laissé des commentaires estimés sur les livres les plus difficiles de l'Écriture sainte, les Prophètes, les Psaumes, l'Apocalypse, un livre sur la Trinité, un traité de l'Incarnation, et surtout une théologie mystique où il se révèle sous le jour qui lui est propre, celui du sentiment. La première partie de cette œuvre toute céleste est appelée : « le Jeune Benjamin, *Benjamin minor* ». C'est une introduction à la vie contemplative. La seconde partie porte le titre de « Benjamin aîné, *Benjamin major* ». C'est la grâce même de la contemplation.

Dans notre siècle, porté à considérer en toutes choses le côté vénal et la production matérielle, on ne s'élève pas à ces régions si pures de l'amour divin, où l'âme trouve un aliment fort et comme un avant-goût du bonheur suprême. On a perdu ce que Bossuet appelle si bien « *le sens des choses de Dieu* ». L'homme charnel, ne goûtant plus le charme inexprimable de la pensée satisfaite, s'est plu à le flétrir, et il a raillé ce qu'il ne pouvait plus obtenir dans son abjection. J'aime à rappeler, en faveur des grands amants de la divinité, ces paroles de Donoso Cortès qui seront si bien comprises par tous ceux qui n'ont pas abandonné leur cœur à la passion du monde et de ses convoitises. L'illustre écrivain parle des théologiens mystiques : « ils ont appris à l'homme, dit-il, à monter sur les ailes de la prière, cette échelle de Jacob, faite de pierres précieuses, par laquelle Dieu descend vers la terre, et l'homme monte vers le ciel, jusqu'à ce que, la terre et le ciel se confondant, Dieu et l'homme se confondent également, embrasés de l'incendie d'un amour infini (1). »

J'ai encore à parler d'un homme que sa sainteté a inspiré et qui a livré à la postérité, dans des stances admirables, tout le

______

(1) *Essai sur le catholicisme.*

parfum de son âme : c'est Adam, contemporain de Richard, et, comme lui, initié à l'amour de Dieu par celui que saint Bernard a appelé le grand docteur, *doctor celeberrimus.*

Le poëte Adam a laissé plus de cent cinquante proses (1), qui ont été publiées en 1855 par M. Léon Gautier, après cinq années de patientes et fructueuses recherches. C'était la fleur de la liturgie sacrée chez les Victorins, la poésie mise au service de la foi.

Le jeune chanoine allait puiser l'inspiration dans la crypte de l'église abbatiale. Là, dans les profondeurs de la terre et sous l'autel qu'arrosait chaque matin le sang du Christ, Adam aimait à contempler les traits d'une madone appendue à l'un des piliers de la chapelle souterraine. Que de fois, la sainte image parlant à son cœur dans le recueillement profond de ce lieu solitaire, il avait tiré de sa lyre des accents émus, capables d'étonner son génie, si les saints soupçonnaient leur génie ! Or un jour qu'il s'abandonnait en présence d'un jeune novice à toute l'ardeur de sa foi, son enthousiasme grandit et il se mit à saluer dans ses vers la Vierge qui provoquait ses transports :

> *Salve, mater pietatis,*
> *Et totius trinitatis*
> *Nobile triclinium,*
> *Verbi tamen Incarnati*
> *Speciale Majestati*
> *Præparans habitaculum !*

Salut, mère de piété, noble temple habité par les trois personnes divines, qui préparez cependant un asile spécial à la majesté du Verbe incarné (2).

---

(1) Nous avons encore trois proses de cet auteur dans le propre de Paris : pour la Dédicace des églises, pour la fête de sainte Geneviève et celle de saint Denis. La prose de saint Denis a subi quelques modifications, entre autres dans les premiers vers, qui étaient primitivement ceux-ci :

> *Gaude prole, Græcia,*
> *Glorietur Gallia*
> *Patre Dionysio.*

(2) Prose de l'Assomption.

A ces mots l'image s'anima et la Vierge Marie répondit en inclinant la tête à la pieuse salutation du poète, « *Gloriosa Virgo apparens ei cervicem inclinavit* (1). »

Lorsqu'on remania le missel de l'abbaye, en l'an 1524, on fit précéder la glorieuse strophe de ces paroles commémoratives : « en saluant par la strophe suivante la bienheureuse Vierge Marie, le vénérable Adam mérita d'être à son tour salué et remercié par la Mère de Dieu (2). »

Adam mourut en l'an 1175.

L'action de la grâce ordinairement si mystérieuse était trop manifeste, et Dieu révélait la présence de son esprit au milieu des Victorins d'une façon trop sensible, pour que leur maison ne resplendît pas au loin de tout l'éclat que donne la sainteté. Une réputation bientôt universelle attira dans leurs murs tous les grands serviteurs de Dieu; et les deux saints les plus illustres du douzième siècle, saint Bernard et saint Thomas de Cantorbéry, firent du monastère leur rendez-vous et leur résidence habituelle, quand ils venaient à Paris. Les chanoines de Saint-Victor surent apprécier l'amitié de deux hôtes que le dévouement et la vertu rendaient si recommandables. Chaque année ils célébraient leur fête avec un éclat particulier; et, jusqu'à la révolution, ils ont conservé avec honneur la cappe du saint abbé de Clairvaux et la discipline de l'archevêque de Cantorbéry.

V

Les savants et les saints ne disparurent point avec le douzième siècle au monastère de Saint-Victor. On vit presque aussitôt apparaître la célèbre université de Paris, dans laquelle tous les collèges de la montagne de Sainte-Geneviève déver-

______

(1) Thomas de Cantimpré. Biblioth. nat., manus. 1039.

(2) « Dum venerabilis Adam sequenti versiculo B. M. V. salutaret, ab ea resalutari et regratiari meruit. » (Biblioth. de l'Arsenal, Missel des Victorins.)

sèrent leurs gloires, lui apportant le tribut de leur science et de leurs vertus, comme le fleuve porte à l'Océan la majesté de ses eaux.

Plus tard, au sein de la même école, un autre poète, que la verve satirique de Boileau a immortalisé, anima aussi sa lyre au souffle de la foi. Malheureusement l'esprit du monde avait envahi de toutes parts les ordres monastiques; et, tandis qu'Adam avait sanctifié la poésie, Santeuil chercha, lui, à poétiser la sainteté.

Quelqu'un sut donner à la religion les grâces aimables que le poète Santeuil demandait un peu trop aux odes d'Horace. Le génie de la charité s'incarna dans un homme qui résumait en lui l'austérité du cloître et l'activité du siècle. C'est une page vraiment touchante de l'histoire de notre pays que celle où sont racontés les rapports de saint Vincent de Paul avec l'abbaye de Saint-Victor.

Et maintenant c'est fini. Un jour d'émeute a suffi pour disperser les chanoines, fermer les portes du monastère, abandonner aux outrages du temps ces vieux murs, asile chéri de la prière et de la science, livrer à une ruine plus ou moins prochaine « la construction gothique la plus brillante et la plus hardie de notre capitale (1) ». L'œuvre de destruction fut achevée en 1815 par un décret d'utilité publique, qui effaça du sol jusqu'aux derniers vestiges de la vieille abbaye. Aujourd'hui, au lieu des magnifiques essais de l'intelligence et de l'essor du cœur, on voit sur le même emplacement les tonneaux s'élever en pyramides uniformes ou glisser sur les rails avec monotonie (2).

VI

Je me trompe. Il reste deux grands souvenirs de cette ère de joute intellectuelle et d'oraison monastique. Dans les pre-

(1) Sauval, *Antiquités de Paris.*
(2) C'est aujourd'hui la halle aux vins.

mières années du règne de saint Louis, Pierre, abbé de Saint-Victor, fit don à Guillaume, évêque de Paris, d'une pièce de terre de cinq quartiers dans le clos du Chardonnet, pour y bâtir une chapelle à l'usage des séculiers. Treize ans plus tard cette chapelle devenait une église paroissiale dédiée à saint Nicolas. La fille a résisté à la rafale qui enlevait la mère.

Un pieux chrétien, dont l'ange de la modestie a emporté le nom dans les cieux, a également préservé de l'outrage et de la ruine les précieuses reliques qui étaient l'inestimable trésor de l'antique abbaye. C'est l'église de Saint-Nicolas qui a hérité du dépôt sacré.

Autant par reconnaissance que par piété, on célèbre chaque année à Saint-Nicolas du Chardonnet, avec une pompe extra-ordinaire, la fête de saint Victor. Cette année, l'éclat de cette solennité a été rehaussé par la présence de M. l'abbé Floccard, chanoine archiprêtre de la cathédrale de Langres. Le pieux et savant ecclésiastique a voulu donner, dans cette circonstance, à M. Duby, chanoine honoraire de Paris et curé de Saint-Nicolas du Chardonnet, ce témoignage d'estime et de profonde vénéra-tion que tout le clergé de la capitale, ayant à sa tête Mgr Ri-chard, alors archevêque de Larisse, était unanime à rendre, l'année dernière, à ce saint prêtre, dans la cérémonie touchante où il célébrait le cinquantième anniversaire de son sacerdoce.

La Providence, dont les voies sont admirables, a voulu cul-tiver cette année les souvenirs d'une parenté célèbre. C'est un évêque de Langres, Michel Bondet, qui posa la première pierre de la nouvelle église abbatiale de Saint-Victor, le 18 décembre 1517 (1). Le même jour, l'abbé, qui était Jean Bordier, bénis-sait la première pierre du chœur. De l'église primitive, que tant de souvenirs rendaient vénérable, on ne put conserver que le portail et la crypte. L'art ogival s'épanouissait alors dans toute sa fleur : c'était l'époque où l'on construisait l'église de Saint-

(1) Notre-Dame de Châtillon, au diocèse de Langres, où saint Bernard fut élevé, a été affiliée à la congrégation de Saint-Victor par les soins de l'abbé de Clairvaux.

Eustache à Paris et où l'on achevait la chapelle du château royal de Vincennes. Il n'y a donc rien d'étonnant qu'on ait donné au nouvel édifice tout l'éclat du style flamboyant.

Un discours, si étendu soit-il, ne comporte pas des détails si intimes. Je les devais, pour achever de mettre en pleine lumière une célèbre abbaye et une école qui a joué un si grand rôle dans l'histoire de l'esprit humain.

L'ESPRIT CHRÉTIEN

DISCOURS

PRONONCÉ A SAINT-NICOLAS DU CHARDONNET

Le Dimanche 25 Juillet 1886

EN LA FÊTE DE SAINT VICTOR

> *Nos autem non spiritum hujus mundi accepimus, sed spiritum qui ex Deo est.*
>
> Pour nous, nous n'avons pas reçu l'esprit de ce monde, mais un esprit qui vient de Dieu.
>
> (1re aux Corinthiens, chap. II, vers. 127.)

MES FRÈRES,

Chaque société a ses coutumes, ses lois, ses maximes qui en constituent l'esprit et règlent la vie de ses membres. Voilà pourquoi, lorsque quelque compagnie nous ouvre ses rangs, on nous avertit aussitôt d'en prendre l'esprit. « Si vous voulez être chrétien, dit l'Église au néophyte qui aspire au baptême, il faut aimer Dieu de tout votre cœur, de tout votre esprit, de toutes vos forces, et votre prochain comme vous-même. Renoncez-vous au démon, à ses œuvres, à ses pompes? Croyez-vous en Dieu, en Jésus-Christ, au Saint-Esprit (1)? »

A l'heure solennelle du baptême nous étions dans le monde, nous appartenions au monde, nous pouvions à nos risques et périls et sans forfaire à l'honneur en conserver les coutumes, les lois, les maximes. Car le monde a des coutumes, des lois, des maximes qui lui sont propres, et c'est précisément ce que

(1) Rituel romain. Cérémonies du baptême.

l'apôtre saint Paul appelle dans notre texte « l'esprit du monde ». Mais la grâce du baptême a été répandue dans nos cœurs pour nous séparer du monde, pour nous dépouiller de son esprit, pour y substituer des lois, des maximes, des coutumes tout à fait opposées. Aussi le même apôtre, parlant de la société des enfants de Dieu, dans laquelle nous sommes entrés par le baptême, a-t-il dit ces belles paroles : « Nous avons reçu un esprit qui vient de Dieu. »

Il nous importe donc souverainement de connaître l'esprit de l'auguste compagnie à laquelle nous appartenons par le baptême, et je retrouve aisément dans les souvenirs divers de cette solennité les éléments qui permettent d'apprécier toute l'étendue de l'esprit chrétien.

Une grandeur se mesure, d'ordinaire, à trois dimensions, qui sont la hauteur, la largeur et la longueur. Vous verrez ces trois rapports de l'esprit chrétien dans l'histoire d'une célèbre abbaye, et vous apprendrez par là à élever vos actions à la hauteur de la vérité, à leur donner l'ampleur de la charité, et à les grandir dans la patience. *Ave Maria.*

I

Ce n'est pas en vain que Dieu donna à l'homme un front sublime et lui ordonna de regarder le ciel.

> *Os homini sublime dedit, cælumque tueri*
> *Jussit et erectos ad sidera tollere vultus* (1).

Oui, regardez le ciel, non pas ce ciel étoilé où se balancent les mondes, mais le ciel autrement profond et lointain où dorment les Principes sous le regard immobile de Dieu.

Là-haut, dans les splendeurs invariables de l'éternelle Vérité, écoutez la Parole qui ne faillit jamais. *Au commencement était le Verbe et le Verbe était en Dieu et le Verbe était Dieu...* et

____

(1) Ovide, 1ᵉʳ livre des *Métamorphoses.*

le Verbe s'est fait chair et il a habité parmi nous, et nous avons vu sa gloire qui est la gloire du Fils unique de Dieu, plein de grâce et de vérité (1). Voilà *la lumière qui éclaire tout homme venant en ce monde* (2); voilà, selon le mot profond du P. Lacordaire, « la source première et éternelle de notre raison; c'est cette parole, secrète dans notre âme, publique dans le monde, qui forme l'enseignement total du Verbe et fait de lui notre maître unique autant que souverain. Il vous l'a dit, ne l'oubliez pas : vous n'avez qu'un maître (3). » Tel est l'horizon du chrétien, ou, pour continuer ma comparaison, le firmament où la Vérité brille dans un jour sans déclin.

Ce n'est pas en vain qu'on ferme les yeux à sa lumière et qu'on cesse de s'inspirer de son éclat. Quand on ne regarde pas plus haut que soi, on tombe plus bas qu'on n'était déjà et, de déchéance en échéance, on arrive aux abîmes où l'esprit humain perd toute grandeur, parce que, comme le dit si bien encore le P. Lacordaire, « la Foi ne s'abaisse pas sans que la raison diminue (4) ». Dans cette sphère étroite, où l'intelligence cherche encore un semblant d'aliment en dehors de la Foi, il n'y a plus que les perpétuelles variations du mensonge, les compromis honteux, les expédients sans dignité, les faits qui découragent et les théories qui conduisent fatalement à la ruine. Un homme célèbre a eu peur de cet amoindrissement de la vérité, et de sa plume est tombée l'allégorie si frappante du Loup et de l'Agneau, qui se résume dans ce mot :

La raison du plus fort est toujours la meilleure (5).

O ma patrie, je songe à toi en ce moment. Toi aussi, tu portas dans le monde ces principes pervers : « La force prime le droit... la fin justifie les moyens ». Et aujourd'hui déchirée,

---

(1) Saint Jean, chap. i, vers. 1 à 14.
(2) *Ibid.*, vers. 9.
(3) *Lettres à un jeune homme sur la vie chrétienne*, première lettre.
(4) *Ibid.*
(5) La Fontaine, *Fables*.

divisée, tu prouves tristement que les principes qui viennent d'en bas n'ont jamais donné la grandeur.

Qu'importe le succès! Le mal est-il permis parce qu'il reste impuni? Si le monde, ébranlé sur ses bases, allait s'affaisser sur lui-même, disparaître à tout jamais, et que je pusse le sauver par un mensonge, je ne le ferais pas, car il ne faut jamais faire le mal pour que le bien arrive (1).

Qu'importe la mort! *Potius mori quàm fœdari* (2). Les hommes véritablement grands ont toujours préféré la mort au déshonneur. Un jour, les légions romaines revenaient du pillage, chargées de butin, ivres de sang; l'ennemi vaincu avait cessé de vivre. Un homme se rencontra avoir le caractère assez haut pour s'écrier : « La cause des vainqueurs a plu aux dieux, mais Caton a préféré la cause des vaincus (3). »

Et pour évoquer ici des souvenirs moins profanes, j'aime à me rappeler la mère des Machabées tremblant de voir le plus jeune de ses fils céder à la douleur et déshonorer sa foi, l'encourageant de la voix et du regard à souffrir jusqu'au bout son pénible martyre : « Mon fils, mon fils, oh! je t'en conjure, regarde le ciel » (4). Ou je n'y entends rien, ou il y a dans cette parole d'une mère toute la hauteur des cieux. Oui, regardez le ciel, le ciel où résident la Justice, le Droit et la Vérité.

Or, il y a une science de la vérité. Dieu en donna lui-même les premières notions à Adam dans les splendeurs de la nature naissante. Il continua cet enseignement d'abord lui-même, sous les palmiers qui abritaient l'humble demeure des patriarches et au milieu des foudres du Sinaï que sa présence avait embrasé; plus tard, par ses prophètes, qu'animait son esprit et que pénétrait sa pensée, sur cette terre glorieuse où

<hr>

(1) « Et non (sicut blasphemamur et sicut aiunt quidam nos dicere) faciamus mala, ut eveniant bona. » (Saint Paul, *aux Romains*, ch. iii, v. 8.)

(2) Sénèque, *Lettres*.

(3) « Victrix causa diis placuit, sed victa Catoni. » (Lucain, *la Pharsale*, liv. I.)

(4) « Peto, Nate, ut aspicias ad cœlum. » (*IIe livre des Machabées*, ch. vii, vers. 28.)

un peuple conservait encore le respect de son nom. Dans la plénitude des temps, Dieu fit à l'homme cette auguste visite qui avait été l'objet d'une attente universelle. Le Christ enseigna à l'homme toute vérité et toute justice. Il fut lui-même la loi vivante et put dire avec l'assurance que donne la sainteté : « Qui de vous me convaincra de péché (1)? »

Il laissa après lui des hommes qni précisèrent avec une admirable énergie les grands principes destinés à régir la vie des individus et la destinée des peuples.

Quand le sang des martyrs eut rendu à ces immortels principes un éclatant témoignage, une pléiade d'hommes illustres mirent au service de la vérité toutes les ressources de leur esprit. Semblables à l'aigle qui allume au soleil le feu de son regard, ces puissants génies s'élevaient dans leurs contemplations jusqu'au Dieu trois fois saint et, de ces visions consommées dans la lumière, ils rapportaient à la terre les éléments d'écrits nouveaux qui fixaient davantage le sens des Écritures sacrées et rendaient familiers aux hommes les préceptes de la vertu.

Notre pays lui-même, malgré les commotions violentes qui agitèrent son berceau, ne s'épargna pas à cette œuvre magnifique, et il suffit de citer les Irénée de Lyon, les Hilaire de Poitiers, les Rémy de Reims, pour rappeler quelle part active y prirent nos Apôtres et Pères.

Cette fécondité cependant était tout oratoire, et au début du douzième siècle, elle n'avait pas encore consigné la vérité et la justice dans un corps de doctrine qui fût didactique. C'est la gloire de notre France et c'est l'honneur de l'abbaye de Saint-Victor d'avoir fait le premier pas dans cette voie sobre, sûre, rigoureuse, et d'avoir ouvert la marche triomphale aux plus grands savants qui aient illustré l'université de Paris et le monde. Car, sous le règne de Louis le Gros, en l'an 1108, l'archidiacre Guillaume de Champeaux, qui dirigeait avec éclat

1) Saint Jean, chap. viii, vers. 46.

la grande école épiscopale de Paris, ne trouvant plus le cloître
de Notre-Dame assez vaste pour le nombre toujours grossis-
sant de ses auditeurs, transporta sa chaire au prieuré de
Saint-Victor, qui devint dès lors une école monastique de la
plus haute importance, et il obtint du roi que toute la plaine
qui s'étend entre le fleuve et la montagne de Sainte-Geneviève
fût dévolue à l'abbaye pour le logement et l'entretien des
Écolâtres (1).

Le savant professeur inaugura aussitôt, pour la défense de
la vérité et de la justice, cette méthode austère, concise,
inflexible qui enferme ses conclusions dans deux principes
manifestes comme dans deux cercles de fer; et telle est la
gloire que cet ardent lutteur remporta dans cette joute intellectuelle, que ses contemporains et la postérité l'ont surnommé
la *colonne des Docteurs*. Il eut la bonne fortune de discerner
un des plus beaux génies du moyen âge. Il fut le maître, le
médecin et l'évêque de saint Bernard. C'est lui qui donna à
l'abbé de Clairvaux la consécration monastique, et l'on peut
peut dire qu'il prépara avec un soin jaloux, au jardin de
l'Église, cette fleur si pure et si gracieuse.

Que de fois il dut signaler à la sûreté de son génie et à la
précision de ses coups l'esprit remuant (2), qui jusque dans
ses erreurs accuse une profonde étendue de connaissances et
rend un éclatant témoignage au progrès intellectuel de ces temps
aujourd'hui si décriés! Plus tard les religieux de Clairvaux se
souviendront de la parenté spirituelle qui fait des fils de
saint Bernard les petits-fils de Guillaume de Champeaux,
et ils viendront s'abriter à l'ombre des murs de Saint-Victor,
à Paris, dans un collège des plus florissants (3).

(1) L'emplacement de cette antique abbaye est aujourd'hui occupé par
l'entrepôt des vins.

(2) Abélard étudia d'abord, puis enseigna à l'abbaye de Saint-Victor.

(3) Le collège des Bernardins fut fondé par Étienne Lexington, vers
l'an 1244, sur l'emplacement de la Fourrière actuelle, entre le boulevard
Saint-Germain et la rue Saint-Victor, d'une part, la rue de Pontoise et la
rue de Poissy de l'autre.

Les sueurs du savant ne tombèrent point sur un sol ingrat. Le héros de la seconde croisade reçut avec honneur, au cimetière de Clairvaux, la dépouille mortelle de son maître, et, ce que Guillaume de Champeaux avait eu pour lui d'attention tendre et de paternelle sollicitude, il le déversa avec usure dans le sein d'un pauvre étranger que la Providence lui avait envoyé du royaume de Milan ; je veux dire Pierre Lombard, *le maître des Sentences*.

Les religieux de Saint-Victor pleuraient encore leur vénéré fondateur, lorsque saint Bernard, pour les consoler, leur envoya l'inconnu qui devait porter si haut et la gloire de l'insigne abbaye et l'éclat de notre enseignement national. De cette époque, en effet, date l'affluence des élèves que tous les pays de l'Europe ont envoyés à Paris s'initier à la science de la vérité et de la justice. C'était un profond penseur et un maître éminent que saint Bernard avait découvert dans l'émigré italien, venu de si loin demander au guichet de Clairvaux le pain de la science et celui de la charité.

L'abbaye de Saint-Victor lui donna l'un et l'autre. En retour, ce glorieux nourrisson acquit au monastère une célébrité qui ne se démentit pas, même quand, devenu évêque de Paris, il transporta au palais épiscopal sa chaire éloquente. Ne laissait-il pas à Saint-Victor des maîtres formés à son école, imbus de ses principes, familiarisés avec la science ? Déjà Hugues de Saint-Victor, que sa profonde connaissance des écrits du grand évêque d'Hippone avait fait surnommer la *langue de saint Augustin*, avait partagé les labeurs et la gloire du *maître des Sentences*. La chaleur de leur parole avait pénétré Richard de Saint-Victor, qui la communiqua à son disciple et successeur, Gauthier de Saint-Victor. Tous les deux furent un demi-siècle la terreur des hérétiques, l'âme de dix conciles, l'idole de dix mille étudiants, la joie et l'honneur de leur monastère. Quand ls descendirent dans la tombe, la science de la vérité et de la justice avait des *sœurs* animées de son esprit, grandies sous ses auspices, heureuses et fières des progrès qu'assurait son empire : C'était le *Décret*, ou pour me servir d'un terme plus récent, le *Droit canonique*, dont Pierre Lombard avait inauguré les doctes leçons ; c'était la *Médecine*, dont les chanoines de Notre-Dame avaient ouvert les cours salutaires et d'abord si modestes, sous le règne de Louis le Gros, autour du bénitier de leur église. La *Grammaire*, la *Littérature*, les *Sciences*, sous le nom d'*Arts libéraux*, n'avaient jamais cessé d'être à la base de l'enseignement dans les écoles épiscopales et monastiques. L'université de Paris existait donc avec ses quatre facultés, et c'est la grande gloire de l'abbaye de Saint-Victor d'avoir été son berceau, d'avoir préludé à sa formation, d'avoir surveillé ses premiers accroissements et de lui avoir inspiré de bonne heure cet esprit profondément religieux qu'elle a conservé jusqu'à la fin.

L'élan était donné, et tel était l'enthousiasme qui attirait dans ces lieux la jeunesse studieuse du monde entier, qu'il fallut songer à des agrandissements dignes de ce haut succès. Un prêtre dévoué jeta alors, avec ses deniers personnels, les fondements de l'illustre maison de *Sorbonne*, qui recueillit l'héritage des moines de Saint-Victor ; et bientôt saint Thomas d'Aquin et saint Bonaventure, marchant sur les traces de leurs devanciers, utilisant leurs patientes et laborieuses recherches, perfectionnant leur méthode, couronnaient avec honneur l'édifice de la vérité et mettaient la dernière main à l'œuvre déjà si noblement ébauchée.

L'histoire raconte que, vers la fin de l'an 1244, Jean le Teutonique, quatrième supérieur des Dominicains, partit de Rome avec le jeune Thomas d'Aquin pour aller à Cologne tenir le chapitre général de son ordre. Or, en passant à Paris, où régnait le plus vertueux des rois, et où la sainte chapelle, récemment achevée, faisait présager les futures splendeurs de la jeune capitale, le général des Frères prêcheurs dit à son compagnon : « Que donneriez-vous, frère Thomas, pour être le roi de cette belle cité ? — J'aimerais mieux, répondit frère Thomas d'Aquin, avoir le traité de saint Jean Chrysostome sur saint Mathieu (1). » Il fut donc donné à ce jeune étudiant, non seulement d'enseigner, mais encore d'écrire, à l'aide des documents accumulés par le long et pénible travail des moines de Saint-Victor, un traité qui fait pâlir tous les autres traités, d'élever pour son siècle et pour tous les siècles à venir un édifice que la foi et la raison peuvent également revendiquer comme le dernier mot de l'une et de l'autre, enfin de donner à la raison l'indestructible fondement de la bonne logique et à la foi l'invincible citadelle de la vérité. J'ai nommé la *Somme théologique*, dont les papes ont dit qu'elle contenait autant de miracles que d'articles (2).

La science de la vérité et de la justice avait donc sa forme la plus parfaite, et c'est ici, dans cette antique abbaye, qu'était née l'impulsion généreuse, qu'avaient été conduits avec la plus haute sagesse les travaux lents, mais sûrs, de transformation intellectuelle, et que s'étaient élaborées les patientes recherches qui, après cent cinquante ans, aboutissaient enfin au plus puissant génie de l'humanité et au plus beau chef-d'œuvre qui soit sorti de la main d'un mortel.

Voilà votre histoire, ou plutôt celle des lieux où s'écoule votre existence. Or, dignité oblige, et ne serait-ce que par respect pour des traditions si glorieuses, j'ai le droit et le devoir de vous dire avec la mère des Machabées : *Regardez le ciel* (3). Oui, regardez le ciel de la justice, le ciel du droit et de la vérité.

II

La vérité et la justice, fleurs divines, qui croissent dans le jardin des cieux, ont été arrosées ici même, sur ce versant béni de la montagne de Sainte-Geneviève, des sueurs de toute

(1) Cité par Mgr Besson, évêque de Nîmes, dans le *Panégyrique de saint Thomas d'Aquin.*

(2) « Tot fecit miracula quot scripsit articulos. » (Parole de Jean XXII au procès de canonisation de saint Thomas d'Aquin.)

(3) IIe livre des *Machabées*, chap. VII, vers. 28.

une pléiade d'hommes dévoués à la science et épris de ses charmes. C'est à la hauteur de cette vérité et de cette justice qu'il faut élever vos actions, si vous voulez être grands. Mais ce n'est encore là qu'un rapport. Il faut donner à votre vie le second qui est la largeur. Nous disons souvent d'un homme qui a des inspirations généreuses : cet homme a le cœur large. Qu'est-ce donc qu'avoir le cœur large?

Un docteur d'Israël se présenta un jour devant Notre-Seigneur pour le tenter et il lui dit : « Maître, quel est le grand précepte de la loi? Jésus lui répondit : Vous aimerez le Seigneur votre Dieu de tout votre cœur, de toute votre âme et de tout votre esprit. Voilà le premier et le plus important de tous les commandements. Mais voici le second qui est semblable au premier : Vous aimerez votre prochain comme vous-même. Dans ces deux commandements sont renfermés la loi et les prophètes : *In his duobus mandatis universa lex pendet et prophetæ* (1) ». « Quelle dignité de l'homme, s'écrie Bossuet (2)! L'obligation d'aimer son frère est semblable à celle d'aimer Dieu. Ces deux préceptes vont presque d'égal à la tête de tous les commandements, ou plutôt les renferment tous; et, comme l'homme est fait à la ressemblance de Dieu, ainsi le commandement d'aimer l'homme est fait à la ressemblance du commandement d'aimer Dieu. » Ce double amour de Dieu et de l'homme constitue l'immortelle vertu de charité.

Sur certaines plages de l'Amérique on voit assez souvent deux soleils briller à la fois dans le firmament. L'amour de Dieu et l'amour du prochain sont les deux soleils qui éclairent et réchauffent les horizons de la charité; être charitable c'est avoir le cœur large. Or, tel est l'éclat que projette ici-bas une grande largeur de cœur que chacun aspire à ce reflet incomparable; et, lorsqu'on ne peut pas atteindre la charité dans toute son étendue, on l'amoindrit dans la bienfaisance ou dans la philanthropie. On crée l'impôt de la charité, comme

(1) Saint Matthieu, chap. xxii, vers. 35 à 40.
(2) *Méditations sur l'Évangile*, 47° jour.

si la charité n'était pas une vertu et comme si le premier
caractère de toute vertu n'était pas d'être spontané. Ne voyons-
nous pas des hommes puissants, parlant au nom de la raison,
s'essayer sous nos yeux à centraliser la charité dans des
bureaux, comme on centralise les fonds d'une compagnie
d'assurance ou d'une société chorale. Honneur à leurs efforts !
dignes d'un ordre de choses plus élevé et d'un plus réel
succès ! Mais la souffrance parle une autre langue dans tous
les pays, et, lorsque le nécessiteux nous tend sa main amai-
grie par la misère, de ses lèvres émues s'échappe le cri
instinctif du cœur qui se souvient du Père commun : La
charité, s'il vous plaît, pour l'amour de Dieu !

Un jour, le P. Lacordaire eut à définir cette belle vertu de
charité, et, de son cœur plus encore que de sa bouche, il laissa
tomber ces belles paroles : « La charité est le partage réci-
proque du cœur, du travail et des biens (1). » Ainsi la charité est avant tout le partage du cœur, et l'on ne partage pas
son cœur au nom de la raison. Pour provoquer cet acte de la
plus haute abnégation qu'il y ait ici-bas, il faut une force
supérieure à celle de l'homme, il faut la charité totale, c'est-à-
dire le double amour de Dieu et de son semblable. Car plus
on aime Dieu, plus on aime les hommes. Pareil à ces grands
feux d'où l'on peut puiser sans les éteindre jamais, l'amour divin
est assez riche pour prêter à des foyers étrangers de sa flamme
et de ses ardeurs, sans rien perdre de son intensité. Et voulez-
vous savoir où vous trouverez le cœur véritablement large, ne
cédant jamais aux basses impulsions de l'intérêt, mais se par-
tageant volontiers, ou plutôt s'oubliant lui-même pour ne
penser qu'aux autres ? Regardez au sein des vieux monastères
dont notre France fut couverte à l'âge d'or de la foi. Les
moines avaient une largeur de cœur qui ne le cédait en rien à
l'élévation de leurs principes. Jamais la philanthropie moderne, parlant au nom de la raison, ne réalisera les merveilles

(1) *Conférences*, année 1844, 25° conférence.

accomplies par l'amour divin pendant plus de douze siècles, dans ces vieux cloîtres qui comptaient parmi leurs dignitaires les infirmiers des pauvres. « S'ils ont été richement dotés par les riches chrétiens, dit M. de Montalembert (1), c'a été pour doter à leur tour les pauvres de ces richesses purifiées, pour devenir ainsi les intermédiaires délicats et infatigables par où l'aumône, une fois abandonnée par le riche, descendait à perpétuité sur le pauvre. Ils ont noblement et fidèlement rempli cette mission ; et partout, jusqu'au fond de leur décadence moderne, cette vertu suprême de la charité les a spécialement distingués. Dans les siècles récents, l'esprit du monde les a envahis de partout mais n'a jamais pu extirper de leurs cœurs la prodigalité pieuse de leurs ancêtres. Jamais il n'a réussi à fermer cette porte par où s'écoulait sur la population qui les environnait le courant intarissable de leurs bienfaits, si bien symbolisé par ce guichet de Clairvaux, qui du temps des moines s'appelait la *Donne*, et que l'on voit encore debout, mais muré par les profanateurs modernes du monastère de saint Bernard. Non, le voyageur le plus entreprenant, l'investigateur le plus malveillant aura beau fouiller les ruines et les traditions claustrales, il ne trouvera nulle part un seul monastère, quelque dégénéré qu'il ait été dans les derniers temps, qui n'ait mérité cette oraison funèbre, recueillie sur les débris du Val-des-Choux en Champagne, de la bouche d'une pauvre femme, contemporaine des moines : *C'était un vrai couvent de charité.* » C'est que tous les moines portaient, gravée au fond de leur cœur plus encore qu'au fronton de leurs monastères, cette maxime de leur second patriarche et père : « Chacun doit aimer son prochain comme lui-même et amener à Dieu tous les hommes qu'il pourra, soit en les consolant, soit en les reprenant, soit en les instruisant. Qui agit ainsi par choix est prudent ; qui n'est détourné de ce soin par aucune épreuve est fort ; qui ne s'enorgueillit jamais est juste (2).

(1) *Les Moines d'Occident*, introduction, chap. IV.
(2) *Vie de saint Bernard*, par Guillaume, abbé de Saint-Thierry de Reims.

Or, si quelqu'un a agi par choix dans le soulagement des misères humaines, sans tomber jamais de lassitude ou de désespoir en présence des difficultés, sans s'enorgueillir non plus jamais à la vue du succès, c'est bien ce grand serviteur de Dieu qui, au milieu d'un siècle opulent, sut associer aux austérités du cloître les allures de la miséricorde dans le monde, et dont le nom, plus persuasif que tous les éloges, est resté jusqu'à ce jour l'expression vivante de la charité.

Oui, un homme s'est rencontré qui, sans nom, sans fortune, sans titre, avec la prière et la vertu, a constamment été le père des pauvres, a pourvu à tous les besoins, essuyé toutes les larmes, soulagé toutes les misères, a été l'ange gardien du dix-septième siècle et est encore l'admiration du nôtre; de tous les bienfaiteurs des peuples le seul dont le zèle ait grandi au lieu de se refroidir à la vue des ingratitudes et des désordres du vice; le seul dont la charité ait été aussi ingénieuse et aussi inépuisable que l'infortune était générale et profonde.

Or, n'est-ce pas tout près d'ici et à l'ombre même des clochers de Saint-Victor que le héros de la charité moderne s'essaya, au *Collège des Bons-Enfants* (1), à se survivre dans une petite compagnie animée de son esprit, et perpétua ainsi, à l'aide de pauvres missionnaires, ses œuvres de dévouement et de zèle apostolique? Plus tard, lorsque les accroissements, d'abord inespérés, de l'humble société demandèrent à s'abriter avec plus d'ampleur, n'est-ce pas encore l'abbé de Saint-Victor qui fit don à Vincent de Paul de ce magnifique domaine, connu aujourd'hui sous le nom de *l'enclos Saint-Laurent*? Le monastère possédait là-bas de temps immémorial une léproserie célèbre, où les moines, après avoir défriché le sol, couvert aujourd'hui de somptueux édifices, assaini les marais de la Bièvre, transcrit les manuscrits, ins-

(1) Le Collège des Bons-Enfants, fondé par saint Louis, était séparé de l'abbaye par la rue des Fossés-Saint-Victor, aujourd'hui rue du Cardinal-Lemoine, par celle des Fossés-Saint-Bernard et par l'étroit espace qui est entre ces deux rues. C'est aujourd'hui un dépôt des mobiliers de l'État, donnant accès sur la rue Saint-Victor.

truit les enfants du peuple, préparé dans le patience ce que l'on a si bien appelé les moissons de l'avenir, allaient, en façon de repos, exercer la miséricorde la plus répugnante à notre nature, panser des plaies hideuses, verser le baume et l'huile dans des cœurs ulcérés, et restituer à de malheureux proscrits, véritables cadavres vivants, au sein de la société, la place que la crainte de la contagion leur avait fait perdre. Touchante donation ! Elle nous permet d'admirer ici le lien étroit qui rattache à l'abbaye de Saint-Victor une des plus fécondes fondations de charité des temps modernes. La léproserie de Saint-Lazare (1) est devenue le chef-lieu des Prêtres de la Mission et le siège de ces savantes conférences ecclésiastiques, où les Bossuet, les Fénelon, les de Rancé et cent autres allaient essayer leur génie. Grâce aux exemples et aux leçons de leur auguste maître, les Prêtres de la Mission ont conservé pour l'infortune cette tendresse de sentiments qui fait que les apôtres de l'Évangile sont en même les pères des pauvres.

Mais il fallait aux déshérités des joies d'ici-bas une sollicitude plus calme, une compassion plus maternelle, une voix plus douce qui leur apprît à bénir leur sort au lieu de le maudire. Vincent de Paul a trouvé ces mères dans les *Filles de la Charité*, et c'est encore sur cette paroisse de Saint-Nicolas du Chardonnet que l'illustre héritière des seigneurs de Marillac offrit à ce brillant essaim d'anges dévoués la maison qui fut leur premier berceau (2)!

Les religieux de Saint-Victor étaient les aumôniers de l'Hôtel-Dieu. Avec leur précieux concours et l'aide de chrétiennes de la plus haute distinction, Vincent de Paul pénétra dans cet asile de la douleur et y accomplit, pour le soulagement, le bien-être et la conversion des pauvres malades, une

(1) C'est là qu'était la chambre de Vincent de Paul, profanée pendant la Révolution. La léproserie est aujourd'hui la prison de Saint-Lazare, et sur l'emplacement des jardins s'élèvent la plupart des maisons du dixième arrondissement.

(2) Cette maison, encore debout, porte le n° 43 ou 45 de la rue du Cardinal-Lemoine.

réforme dont nous apprécions encore aujourd'hui les salutaires effets.

Qui sait si, d'une humble cellule du collège des *Bons-Enfants*, l'heureux restaurateur de la charité dans le monde n'entrevit pas quelquefois les courses fructueuses de ses hardis missionnaires, et si son cœur ne battit pas souvent de reconnaissance et d'amour, en voyant les épis mûrs tomber dans la corbeille du céleste vanneur, à Reims, à Rouen, à Saint-Flour, à Mende, à Marseille, par-delà les monts et par-delà les mers, sous le soleil d'Italie, au milieu des glaces du Spitzberg, dans l'infortunée Pologne alors désolée par tous les fléaux, et jusque sur les terres inhospitalières de Madagascar? Qui sait si ce n'est pas là même, dans ce premier berceau de sa sainte compagnie, sous les toits de Saint-Victor, qu'il répétait souvent à ses pieux coopérateurs, les larmes aux yeux et le cœur ému : « Soyons miséricordieux, mes enfants, et que jamais un pauvre ne nous quitte sans avoir été consolé (1). »

Mes Frères, voilà votre histoire, ou plutôt celle des lieux où s'écoule aujourd'hui votre existence. Dites. Ai-je le droit et le devoir de vous demander, ne serait-ce que par respect pour de tels souvenirs, d'avoir le cœur large et de vous oublier vous-mêmes, pour ne penser qu'aux autres.

III

Pour que nos actions soient grandes, il leur faut un troisième élément : la patience, *longus animus*, la longanimité. « Nous nous glorifions dans la souffrance, disait saint Paul, parce que nous savons que la souffrance engendre la patience, que la patience produit l'épreuve, l'épreuve l'espérance, et que l'espérance ne confond pas, parce qu'elle a Dieu pour auteur (2). » Le propre des petites choses est de se produire sans

____

(1) *Vie de saint Vincent de Paul*, par M. l'abbé Maynard.
(2) *Épître aux Romains*, chap. v, vers. 3, 4 et 5.

peine. Les grandes œuvres ne s'enfantent que dans la douleur. Aussi semble-t-il que Dieu n'ait qu'un souci sur la terre, celui de briser les cœurs, de multiplier les larmes, de nous réduire sous la pression de la douleur. Voyez. Il bouleverse les États; il promène les rois sur le chemin de l'exil; il ouvre les cataractes du ciel pour perdre le monde dans un déluge universel; il allume un feu vengeur pour brûler des villes coupables. Ici, c'est la guerre; là, c'est l'attentat; plus loin, c'est la tempête. On serait tenté de prendre notre Dieu pour le génie du mal. Non, voyez la croix. Il a souffert le premier : *Beati qui persecutionem patiuntur propter justitiam.* « Heureux ceux qui souffrent pour la justice (1). » Tout cela, c'est pour qu'il y ait des larmes; ces larmes, c'est pour qu'il y ait des hommes qui souffrent; ces hommes qui souffrent, c'est pour les grandir dans l'adversité; ces hommes grandis dans l'infortune, c'est pour qu'il y ait des saints. Voilà tout le secret du mal. Et maintenant qu'importe le temps? Il a fallu trois siècles de martyre pour arriver au labarum de Constantin. Sachez attendre, lorsque vous voyez le juste opprimé et le persécuteur dans la gloire. Qu'est-ce que dix ans, qu'est-ce qu'un siècle dans la main qui compte les siècles de l'Éternité? On peut arrêter une parole sur mes lèvres, on peut enchaîner mes mains, on peut m'arracher violemment à la vie. Mais Dieu m'a mis au cœur pour défendre la vérité quelque chose qui peut braver toutes les forces du monde; ce quelque chose, c'est la patience, *longus animus*, la longanimité.

Comprenez-vous maintenant l'économie du gouvernement divin, et pourquoi dans tous les temps les chrétiens ont été les seuls qu'on n'ait point épargnés. Les garanties de la justice, la légalité des procédures, l'instruction des causes, la sincérité des témoins, l'impartialité des débats, l'établissement juridique du délit, la majesté de la loi : tout protège les ennemis du nom chrétien. Mais pour les chrétiens, pauvres

<hr>

(1) *Saint Matthieu*, chap. **v**, vers. 10.

brebis de sacrifice, agneaux de boucherie, *oves occisionis* (1),
les imputations les plus ridicules et les cris de la foule excitée
par les passions les plus basses !

Si un fleuve franchissant ses digues a dévasté la contrée, si
les cataractes d'en haut ont inondé une province, si un ciel de
feu a gardé trop longtemps sa désastreuse sérénité, si une
armée étrangère a passé, semant de débris le chemin de ses
conquêtes, ce sont les chrétiens qu'on accuse d'avoir renversé
les éléments, bouleversé l'ordre de la nature et appelé l'ennemi
au cœur de la patrie. Les multitudes crédules répondent alors
aux perfides excitateurs, qui font profession de les exploiter,
par des clameurs qui changent peut-être avec les temps, mais
qui n'en sont pas moins toujours le rugissement des fauves :
Christianos ad leones « les chrétiens aux lions (2)! »

Telle fut l'histoire de tous les martyrs.

Telle fut en particulier celle de saint Victor. O voies admirables de la Providence qui permit qu'une colonie chrétienne
apportât de bonne heure le culte de ce saint martyr aux lieux
mêmes où tant de fois la populace ameutée devait reproduire
les scènes sanglantes qui ont déshonoré le siècle de Dioclétien!
C'était le conseil de Dieu de nous apprendre que la fermeté
dans les principes et l'héroïsme dans la charité ne suffisent pas
pour donner la grandeur, mais qu'il faut encore posséder son
âme dans la patience. Le modèle est bien choisi pour la
chevaleresque cité qui est à la tête d'une intrépide nation.
Victor, le vainqueur! Nous savons que les vieux Romains
donnaient à leurs légionnaires un nom qui rappelait leurs
exploits. Que de fois, en effet, Victor a conduit au triomphe les
aigles romaines! Jusqu'à la fin il reste en présence des armées
l'homme d'honneur, dévoué à son pays, mais plus fidèle encore
à son Dieu, à qui il appartient par le baptême. Descendu dans
la prison de Marseille, parce qu'il est chrétien, il convertit ses
compagnons d'armes. Plus encore par l'intervention des anges,

(1) *Épitre aux Romains*, chap. VIII, vers. 36.
(2) Tertullien, *Apologétique*, n° 40.

que par la complicité des geôliers, les portes du cachot s'ouvrent soudain pendant la nuit, et l'homme de guerre s'en va, au port de la cité Phocéenne, baptiser les nouveaux soldats du Christ.

Le miracle n'a jamais guéri de la rage. Dans le cas présent, il ne fait que l'exaspérer. Voilà pourquoi le jeune officier est conduit à l'autel des dieux pour y sacrifier. Sa foi s'indigne, et du pied il brise cette idole immobile, *deum non salvantem* (1), dit la sainte Écriture, « ce dieu qui ne sauve pas ».

« O pied de l'illustre Victor, s'écrie Bossuet (2), c'est par vos coups puissants que l'idole est tombée par terre. Le tyran, qui vous a coupé, a cru vous immoler à son Jupiter, mais il vous a consacré à Jésus-Christ et n'a fait que signaler votre victoire. » Ce n'est pas par la violence en effet qu'on triomphe, c'est par la patience.

Et voilà pourquoi Dieu couronne son martyr. Ce pied, coupé par ordre d'un empereur barbare, est recueilli d'abord par les chrétiens comme un des plus brillants trophées de la Foi. Une chapelle s'élève bientôt sur le tombeau du courageux soldat. Au cinquième siècle, Cassien bâtit à sa gloire, aux portes de Marseille, une abbaye justement célèbre et dont des ruines encore debout attestent l'antique splendeur. C'est dans ce cloître, véritable pépinière d'évêques, de savants et de saints, que le pied de Victor est conservé avec honneur pendant plusieurs siècles, jusqu'à ce qu'un pape français, Urbain V, d'abord abbé du monastère, soit élevé de l'humilité religieuse à l'éminente dignité du siège apostolique (3).

Le pontife n'oublie point sa patrie. Il offre le pied du martyr de Marseille à Jean, duc de Berry, frère de Charles V, roi de France, comme le plus précieux gage de la maternelle tendresse de l'Église pour sa fille aînée. Il semblait naturel que

(1) Isaïe, chap. XLV, vers. 20.
(2) *Panégyrique de saint Victor.*
(3) Guillaume Grimoard, qui fut pape en l'an 1362 et prit le nom d'Urbain V, était supérieur de l'abbaye de Saint-Victor, à Marseille.

l'abbaye de Saint-Victor à Paris abritât désormais l'auguste relique. Le duc de Berry l'a compris. Dans l'élan de sa piété, il fait au monastère ce don royal qui en est jusqu'à la Révolution la plus grande richesse religieuse et est devenu depuis le vénérable trésor de cette église.

O triomphe! Après quinze siècles, quand depuis longtemps les noms de Dioclétien et de Maximien ont disparu dans la honte, celui de leur innocente victime brille de tout l'éclat que donne la patience, et ce pied glorieux va tout à l'heure encore recevoir le baiser de votre vénération et l'hommage de votre foi.

Ne croyez pas cependant que la rage du bourreau se soit arrêtée au premier sang. Tertullien nous avertit que c'était l'usage d'arracher la vie aux chrétiens par toutes les inventions d'une cruauté raffinée : *Per atrociora genera pœnarum* (1). Et voilà pourquoi le proconsul inhumain et la foule ivre de sang réunissent contre ce vaillant tout ce qu'il y a de force dans les hommes, dans les animaux et dans les machines les plus violentes. On l'étend sur le chevalet, où, pendant trois jours, il lasse les bourreaux qui s'épuisent en le flagellant. On l'attache à la queue d'un cheval fougueux et indompté, et il est ainsi traîné avec ignominie devant les troupes qu'il a si souvent commandées avec éclat, semant des lambeaux de sa chair meurtrie et arrosant de son sang généreux le camp militaire et les rues de la ville. On met en mouvement une meule énorme pour écraser sous son poids, comme un pur froment, l'étonnant athlète qui résiste à tous les assauts. L'histoire nous apprend « qu'il couvre chaque blessure d'une nouvelle couronne, que chaque goutte de sang qu'il verse lui mérite une palme de plus, et qu'il remporte plus de victoires qu'il ne souffre de violences (2) ».

La haine poursuit ses victimes jusque dans la mort. Celle de

(1) *De la résurrection de la chair*, n° 8.
(2) Paroles de Tertullien (*le Scorpiaque*, n° 6), appliquées à saint Victor, par dom Ruinart et par Bossuet.

Maximien est sauvage. Ne pouvant plus s'abattre sur ce corps, il refuse aux restes du martyr les honneurs de la sépulture et les fait jeter à la mer comme une vile pâture destinée à devenir la proie des monstres.

Tel fut le martyr qui a donné son nom à l'illustre abbaye, devenue votre gloire et l'honneur de la France. Il protège encore ces lieux où s'écoule votre existence. Avais-je raison de vous dire qu'à la suite d'un maître aussi illustre, il faut grandir votre vie dans la patience, *longus animus*, la longanimité ?

Grâces à Dieu ! L'esprit chrétien a brillé à chaque page de l'histoire depuis que le Christ en a donné lui même, dans son auguste personne, le modèle le plus accompli. A dater de ce jour, les eaux de la sainteté n'ont jamais fléchi au bassin de l'Église, et hier (1) encore nous pouvions contempler, descendant dans sa tombe avec toute la majesté de la grandeur, un homme qui n'a jamais manqué, à chaque occasion solennelle, de proclamer bien haut les grands principes de la vérité et de la justice, un homme dont la largeur du cœur éclate à chaque ligne du plus beau testament qu'on ait vu en ce siècle de viles convoitises, un homme qui a possédé et grandi son âme dans la patience, provoquée, non seulement par ses douleurs personnelles, mais encore par celles de la patrie et par celles de l'Église.

On a dit du juste qui s'éteint sous le poids des ans :

Rien ne trouble sa fin ; c'est le soir d'un beau jour (2).

J'aime mieux les espérances chrétiennes du Martyrologe. Jadis, quand un vieil évêque avait achevé son pèlerinage

---

(1) Son Éminence le cardinal Guibert, archevêque de Paris, est mort le 8 juillet 1886, entouré de l'estime et du respect de tous les partis. La presse a été unanime à rendre hommage à ses hautes vertus.

2) La Fontaine.

ici-bas, on écrivait, sous le charme d'une douce émotion, au catalogue des saints : « En l'an 398 après Jésus-Christ, la veille des nones d'avril, naissance au ciel d'*Ambroise*, qui fut archevêque de Milan. Sa sainteté et sa doctrine en font l'ornement de l'Église universelle (1). »

L'influence des saints, déjà si grande dans leur pays quand leurs pieds en foulaient le sol, grandit encore lorsque, du haut du ciel où leur vertu les a fait monter, ils ont mis au service de leurs frères leur puissant crédit sur le cœur de Dieu. Car c'est une des gloires les plus pures de l'esprit chrétien de ne pas borner à de courtes et fugitives années le dévouement à toutes les grandes causes, mais de le prolonger après la mort dans une irradiation glorieuse à travers les rapports touchants de la communion des saints.

Jadis le prophète enthousiasmé représenta le Souverain de l'univers appelant à lui faire un cortège d'honneur les étoiles du firmament, et celles-ci, dociles à la voix de leur auguste Maître, se rangèrent aussitôt sous ses ordres : *Stellæ vocatæ sunt et dixerunt : adsumus* (2). Ne semble-t-il pas que Dieu se plaise à appeler ainsi autour de son trône immortel les élus qui en sont la couronne de lumière? Attristés par les défections de l'âge mûr, ils s'en allaient, étoiles brillantes, éclairer la plus tendre enfance aux rayons de la foi, inspirer à tous les dévouements la flamme qui anime et embrase, encourager de l'exemple la jeune humanité qui s'élève dans la patience au frais enclos de la religion. Mais, soudain, la voix du Maître a retenti : *Stellæ vocatæ sunt* (3) *et dixerunt : adsumus*. Ils ont répondu : Nous voici. Oui, les voici qui se lèvent sur l'Église, sur leur pays, sur l'enfance qui en est l'espoir. Ils se lèvent avec tout l'éclat de l'esprit chrétien couronné dans la gloire : *Dixerunt : adsumus*; nous voici, disent-ils. Tenez de nous la route qui conduit au ciel. On veut faire de vous des

<hr>

(1) Martyrologe romain.
(2) Baruch, chap. iii, vers. 35.
(3) *Ibid.*

hommes; ce n'est pas assez : soyez chrétiens. On veut vous donner l'esprit du monde : c'est un écueil. Conservez « l'esprit qui vient de Dieu, *spiritum qui ex Deo est* » (1). Soyez « fermes dans la foi, *fortes in fide* (2); généreux et magnanimes, *misericordes*, (3); possédez-vous dans la patience, *in patientiâ vestrâ possidebitis animas vestras* » (4). Pas de faiblesse dans le courage! Que l'austérité de la vertu ne vous effraie pas! Que la majesté des saints ne vous apparaisse pas dans un inabordable lointain! Le Christ lui-même a pris soin de vous avertir qu'il y a plusieurs demeures dans la maison de son Père (5)! Et, semblable à la colonne lumineuse placée à la tête d'Israël, il est à votre tête et revendique l'honneur de vous conduire de péril en péril, de victoire en victoire, jusqu'au triomphe définitif.

(1) 1re aux Corinthiens, chap. ii, vers. 12.
(2) 1re épitre de saint Pierre, chap. v, vers. 9.
(3) Saint Luc, chap. vi, vers. 36.
(4) *Ibid.*, chap. xxi, vers. 19.
(5) « In domo Patris mei mansiones multæ sunt. » (Saint Jean, chap. xiv, vers. 2.)

EXTRAIT

DES

PROSES D'ADAM DE SAINT-VICTOR

PUBLIÉES EN 1855
Par M. Léon GAUTIER

PROSES

EN HONNEUR DE SAINT-VICTOR

FÊTE DE SAINT VICTOR (21 JUILLET).

Ecce dies triumphalis !
Gaude, turma spiritalis,
Spiritali gaudio ;
Mente tota sis devota
Et per vocem fiat nota
Cordis exultatio.

Numquam fiet cor jocundum,
Nisi prius fiat mundum
A mundi contagio ;
Si vis vitam, mundum vita,
Prorsus in te sit sopita
Mundi delectatio.

Hunc in primo Victor flore,
Immo Christus in Victore
Sua vicit gratia ;
Vicit carnem, vicit mundum,
Vicit hostem furibundum,
Fide vincens omnia.

Invicti martyris mira victoria
Mire nos excitat ad mira gaudia :
Deprome jubilum, mater Ecclesia,
Laudans in milite Regis magnalia.

Nous devons aux laborieuses recherches de M. Léon Gautier, professeur à l'École des chartes, un charmant recueil, en 2 vol. in-18, des poésies d'Adam de Saint-Victor. L'éminent publiciste a consacré cinq années de sa vie à retrouver ces stances jusqu'alors inédites. Il a acquis par là des droits incontestables à la reconnaissance de tous les esprits cultivés et des cœurs chrétiens. Nous empruntons à ce savant ouvrage le texte latin de quatre proses en honneur de saint Victor et de l'épitaphe du poète.

PROSES

EN HONNEUR DE SAINT-VICTOR

FÊTE DE SAINT VICTOR (21 JUILLET).

Voici le jour du triomphe!
Partagez, troupe sacrée,
la joie des esprits célestes;
l'âme ravie en piété,
faites éclater par des chants
les transports de votre cœur.

Pas de joie pour le cœur,
s'il n'est d'avance purifié
de la contagion du siècle.
Qui veut vivre fuit le monde
et ensevelit dans son âme
les plaisirs de la terre.

Le monde! A la fleur de son âge, Victor,
ou plutôt le Christ, par Victor
fortifié de sa grâce, l'a vaincu.
Il a vaincu la chair, vaincu le siècle,
vaincu la fureur du bourreau,
toujours vainqueur par la foi.

L'éclatante victoire du martyr invincible
excite nos plus joyeux transports.
Fais éclater ton allégresse, Église notre mère,
loue dans ton héros les merveilles de son Roi.

Christi miles indefessus
Christianum se professus,
Respuit stipendia;
Totus tendit ad coronam,
Nec suetam vult annonam
Ad vitæ subsidia.

Prœses Asterius
Ac ejus impius
Comes, Eutitius,
Instant immitius,
Pari malitia :
Per urbem trabitur,
Tractus suspenditur,
Suspensus cœditur,
Sed nulla frangitur
Martyr injuria.

Mente læta
Stat athleta,
Carne spreta,
Insueta
Vincens supplicia.
In tormentis
Status mentis
Non mutatur,
Nec turbatur
Animi potentia.

Pes truncatur, quia stabat,
Nec nunc truncus aberrabat
A Christi vestigio;
Pedem Christo dat securus,
Christo caput oblaturus
Ejus sacrificio.

Damno pedis hilarescit,
Frangi pœna fides nescit;
Sinapis sic vis excrescit,
Quo major attritio.
Tortor furit in Victorem,

Infatigable soldat du Christ,
il se proclame chrétien,
Dédaigne les bénéfices de son grade ;
n'aspirant qu'à la couronne céleste,
Il refuse la solde
Qui le faisait vivre.

Le préfet Astérius
et son collègue,
l'impie Eutitius,
redoublent de colère ;
leur rage est égale :
on le traîne par la ville,
on l'attache,
on le frappe.
Vains tourments,
le martyr est indomptable.

L'esprit joyeux,
l'athlète est debout,
méprisant la chair,
vainqueur
des nouveaux supplices.
Dans les tourments,
sa tranquillité
ne se dément pas ;
il ne se trouble pas,
toujours maître de soi.

Comme il restait debout, on lui coupe le pied ;
mutilé, il continue de marcher droit
sur les pas du Christ.
Ce pied, il l'offre au Christ avec sérénité,
tout prêt à lui donner aussi sa vie
en sacrifice.

La perte du pied ne lui a pas enlevé sa gaieté,
la douleur ne saurait briser sa foi ;
tel le sénevé : plus il est broyé,
plus il a de force.
Le bourreau déchaîne sa fureur sur Victor ;

Furor cedit in stuporem,
Dum Victori dat vigorem
Christi visitatio.

Mola tritus pistorali,
Pœna plexus capitali,
Vitam clausit morte tali
Ut post mortem immortali
Frueretur bravio.
In Victoris tui laude,
Spiritalis turma, gaude :
Corde, manu, voce plaude,
Et triumphi diem claude
Laudis in præconio. Amen.

FÊTE DE LA RÉCEPTION DES RELIQUES DE SAINT VICTOR

(17 juin)

Ex radice caritatis,
Ex affectu pietatis
Psallat hæc ecclesia!
Psallat corde, psallat ore,
Et exultet in Victore
Victoris familia.

Pars istius nobis data,
Per fideles est allata
Ab urbe Massilia;
Cujus prius spiritali,
Nunc ipsius corporali
Fruimur præsentia.

Hæc est summa gaudiorum;
Dilatemus animorum
Ipsa penetralia;
Martyris reliquiæ
Laudis et lætitiæ
Nobis sunt materia.

cette fureur se change en stupeur,
car le Christ qui visite Victor
renouvelle ses forces.

Broyé sous une meule,
décapité,
il termine sa vie par une mort
qui le met en possession aussitôt
de l'immortel prix de sa victoire.
En glorifiant Victor, votre patron,
réjouissez-vous, troupeau sacré de Dieu.
Célébrez-le dans votre cœur, par vos mains et vos chants.
Et achevez cette journée de triomphe
par une louange en son honneur. Ainsi soit-il.

FÊTE DE LA RÉCEPTION DES RELIQUES DE SAINT VICTOR

(17 JUIN)

A un apôtre de charité,
pénétré de l'amour divin,
Église de saint Victor, dédie tes chants!
chante de cœur, chante des lèvres
et réjouis-toi en Victor,
famille de Saint-Victor.

On nous a fait don de quelques reliques,
que des fidèles apportèrent
de Marseille;
jusqu'alors il nous assistait en esprit,
aujourd'hui son corps, glorieux héritage,
est au milieu de nous.

C'est le bonheur sans bornes;
qu'il pénètre au fond
de nos cœurs;
nous chantons,
tout à la joie,
les restes du martyr.

Nostri cordis organum,
Nostræ carnis tympanum
A se dissidentia
Harmonia temperet,
Et sibi confœderet
Pari consonantia!

Choris concinentibus,
Una sit in moribus
Nostris modulatio;
Vocum dissimilium,
Morum dissidentium
Gravis est collisio.

Ex diversis sonitus
Fiet incompositus,
Nisi Dei digitus
Chordas aptet primitus
Dulci magisterio.
Nisi dulcor Spiritus
Cor tangat medullitus,
Nihil vocis strepitus,
Nihil sapit penitus
Carnis exultatio.

Dulcor iste non sentitur
In scissuris mentium,
Nec in terra reperitur
Suave viventium.
Hunc dulcorem sapiat,
Et prægustans sitiat,
Donec plene capiat,
Unitas fidelium.

Prægustemus cordis ore,
Ut interno nos sapore
Revocemur ab amore
Mundi seductorio.
Hic est sapor salutaris,
Hic est gustus singularis,
Per quem curæ sæcularis
Subrepit oblivio.

Que le conflit naturel
entre la chair et l'esprit,
le bruit du tambour et la mélodie de l'orgue,
se dissipe devant l'harmonie,
et qu'il en naisse une alliance
de parfaits accords !

Qu'il y ait harmonie dans les chœurs,
harmonie
dans nos mœurs :
fâcheuse est la rencontre de voix dissonantes,
fatale la rencontre
de mœurs disparates.

Partis de points divers,
les sons seraient sans cadence,
si le doigt de Dieu,
guide bienveillant,
ne les accordait d'abord.
Si la douceur de son souffle
ne touche le fond de notre cœur,
notre voix est sans mélodie,
les joies de la chair
sans saveur.

Cette douceur, les esprits
ouverts à toutes les passions
l'ignorent ;
sur la terre, les mondains
ne la rencontrent pas.
Que le chœur des fidèles
goûte à cette douceur,
la goûtant, s'en abreuve,
la possède tout entière.

Savourons-la de cœur ;
en s'emparant de notre âme,
elle chassera l'amour
et les séductions du monde.
Elle est le parfum salutaire,
elle est cette saveur particulière,
qui fait oublier
les soucis du siècle.

Ut hic mundus amarescat,
Odor Christi prædulcescat.
Hæc dulcedo semper crescat
Cordis in cellario.
Ubi spirat fragor talis,
Fervor crescit spiritalis,
Et fugescit temporalis
Vitæ delectatio.

    Victor, miles triumphalis,
Christi martyr specialis,
Nos a mundi serva malis,
Ne nos amor...
Mergat in flagitia.
Una voce, mente pari,
Nos honore singulari
Te studemus venerari ;
Dum versamur in hoc mari,
Exhibe suffragia.

    Ne permittas spe frustrari
Quibus potes suffragari ;
Fac nos Christo præsentari,
Ut hunc tecum contemplari
Possimus in gloria.
Ad honorem tuum, Christe,
Decantavit chorus iste
Tui laudes agonistæ,
Quo præsente, nihil triste
Nostra turbet gaudia. Amen.

PROSE DE SAINT VICTOR DANS LE TEMPS PASCAL

PARAPHRASE DU *Victimæ paschali laudes.*

Martyris Victoris laudes resonent Christiani !
Mortem intulit ferox Maximianus ;
Bonis, velit, nolit, prodest malus.
Mors et vita duello conflixere mirando :
Martyr Christi cæsus regnat vivus.

Voulons-nous trouver le monde amer?
Préférons les parfums et la douceur du Christ,
faisons-les pénétrer de plus en plus
dans le cellier de notre cœur.
Dès que le souffle divin nous visite,
la sainte ferveur augmente
et les plaisirs de la vie temporelle
s'évanouissent.

Victor, soldat vainqueur,
martyr pour le nom du Christ,
délivrez-nous des maux de ce monde,
et de l'amour terrestre
qui nous couvrirait d'opprobres.
D'une seule voix, d'un seul cœur,
nous nous appliquons à vous vénérer
au milieu d'une pompe inaccoutumée;
tant que nous sommes sur cette terre,
ne nous abandonnez pas.

Ne permettez pas que notre espoir soit déçu,
ô vous, qui pouvez nous secourir.
Que par vous nous soyons réunis au Christ,
et admis à la contemplation
de sa gloire.
En votre honneur, ô Christ,
ce chœur a chanté
les louanges de votre athlète;
que notre protecteur nous obtienne
une joie sans mélange. Ainsi soit-il.

PROSE DE SAINT VICTOR DANS LE TEMPS PASCAL

PARAPHRASE DU *Victimæ paschali laudes.*

Chrétiens, chantons les louanges de Victor, martyr.
Maximien fut son cruel bourreau.
Mais les méchants, à leur insu, servent la cause des bons;
en effet, la mort et la vie se sont livré un duel merveilleux :
le martyr du Christ règne, le mort est vivant.

Dic, in agonia quid vidisti, athleta?
Vexillum Christi regnantis
Et gloriam vidi consolantis.
Cruciatus fortes, miracula sunt testes !
Ad cujus preces defuncti suscitantur,
Sanantur infirmi.

Credendum est magis soli Christi Ecclesiæ
Quam impiorum genti perversæ.
Scimus ergo te regnare cum Christo ; tecum
Collocare, Victor dux, nos dignare.
Amen.

PROSE POUR LA RÉCEPTION DU PIED DROIT DE SAINT VICTOR

(LE 23 JUILLET) (1)

De profundis proclamemus
Et devote collaudemus
Victoris victoriam ;
Menti insit verus amor,
Quo procedat sanctus clamor
Ad martyris gloriam.

Dextri pedis susceptio,
Sancti ipsius portio,
Novum parit gaudium ;
Quæ pars, in multis probata,
Nobis fuit præsentata
Per manus fidelium.

Ex quo constanter calcavit
Et ydolum Jovis stravit
De ministri manibus ;
Quem incidi ocius
Jubet judex impius
Suis satellitibus.

Sed, infelix hominum,
Nescis contra Dominum

(1) Cette prose n'est pas d'Adam ; c'est l'œuvre d'un sous-prieur, Godefroy,
qui vivait au seizième siècle.

Athlète, dis-nous, qu'as-tu vu dans les tourments?
J'ai vu l'étendard du Christ roi
et la gloire du Christ consolateur.
Terribles tourments, dont témoignent les miracles :
On l'invoque, et les morts ressuscitent,
et les malades sont guéris.

Mieux vaut mettre sa foi dans l'Église unique du Christ,
que dans la gent impie des méchants.
Victor, vous régnez, nous le savons, avec le Christ;
soyez notre guide et daignez nous obtenir une place à vos côtés.
Ainsi soit-il.

PROSE POUR LA RÉCEPTION DU PIED DROIT DE SAINT VICTOR

(LE 23 JUILLET)

Des profondeurs de l'abîme élevons jusqu'aux cieux
et célébrons dans la piété
le triomphe de Victor;
l'âme enivrée de l'amour divin,
nous ferons entendre de saintes clameurs
à la gloire du martyr.

La réception du pied droit
de saint Victor
provoque une joie nouvelle :
précieuse relique, féconde en miracles,
et qui nous fut offerte
des mains des fidèles.

C'est ce pied vaillant qui frappa
et brisa l'idole de Jupiter
aux mains de son ministre :
sur-le-champ le juge impie
le fait couper
par ses satellites.

Ah! malheureux,
qui ignores que ta violence

Nil valere fraus tua;
Gressum rectum figere
Dei virtus propere
Facit gratia sua.

O fidei hujus dator,
Atque ejus pius sator,
Verus cordis habitator,
Doni tui munerator...
Fac nostras in te ferventes
Fidei calore mentes;
Nos agonem recolentes
Victoris et congaudentes,
Tecum, secum, accipe.

ÉPITAPHE D'ADAM DE SAINT-VICTOR (1)

Hæres peccati, natura filius iræ,
Exsiliique reus nascitur omnis homo.
Unde superbit homo, cujus conceptio culpa,
Nasci pœna, labor vita, necesse mori?
Vana salus hominis, vanus decor, omnia vana,
Inter vana, nihil vanius est homine.
Dum magis alludunt præsentis gaudia vitæ,
Præterit, imo fugit, non fugit, imo perit.
Post hominem vermis, post vermem fit cinis, heu! heu!

Sic redit ad cinerem gloria nostra suum.
Hic ego, qui jaceo, miser et miserabilis Adam,
Unam pro summo munere posco precem.
Peccavi, fateor, veniam peto, parce fatenti;
Parce, pater; frates, parcite; parce, Deus.

(1) Les neuf premiers vers sont de lui-même.

est sans force contre le Seigneur :
par la prompte vertu
et la grâce de Dieu, vois,
Victor marche droit.

O Dieu, auteur de sa constance,
et son vénérable créateur,
hôte véritable de notre cœur,
dispensateur de vos propres dons...
Embrasez nos âmes
des feux de la foi ;
nous, qui célébrons avec joie
les épreuves de saint Victor,
recevez-nous près de lui dans votre sein.

ÉPITAPHE D'ADAM DE SAINT-VICTOR

Héritier du péché, par nature fils de la colère,
proscrit, voilà l'homme à sa naissance.
D'où vient sa superbe? Conçu dans le péché,
né dans la douleur, sa vie est une épreuve, sa mort une né-
[cessité.]
Vanité de la vie, vanité de la beauté, tout n'est que vanité,
et, parmi les vanités, rien n'est plus vain que l'homme.
Pendant que les plaisirs de cette vie l'amusent et le jouent,
lui, il passe; que dis-je? il fuit; il fuit, que dis-je? il meurt.
Après l'homme les vers, après les vers la poussière. Ah ! ah !

Ainsi Adam, notre gloire, est retourné en poussière.
Moi, qui repose ici, infortuné et malheureux Adam,
pour toute grâce, je demande une prière :
j'ai péché; j'en fais l'aveu : je demande pardon, le pardon du
[repentir.]
Pitié, mon père; pitié, mes frères; pardon, mon Dieu.

PARIS. — E. DE SOYE ET FILS, IMPR., 18, R. DES FOSSÉS-S.-JACQUES.

92

MONASTERIUM · SANCTI VICTORIS

www.ingramcontent.com/pod-product-compliance
Lightning Source LLC
Chambersburg PA
CBHW062308070726
47596CB00009B/866